MÚSICA   CULTURA POP   ESTILO DE VIDA   COMIDA
CRIATIVIDADE & IMPACTO SOCIAL

erra uma vez

uma **jornada visual** sobre
as nossas **inseguranças criativas**
e a busca utópica pela perfeição.

1ª reimpressão/2022

Copyright 2021 by

tiago henriques
(do tira do papel)

Este livro foi tirado do papel com a ajuda de uma comunidade maravilhosa com a qual tive a oportunidade de me conectar pela internet. Obrigado por apoiar o projeto deste livro pelo Catarse.

Criado com carinho e gente-finice por Gustavo Guertler (*publisher*), Fernanda Fedrizzi (coordenação editorial), Paloma Keil (coordenação da campanha no Catarse) e Germano Weirich (revisão).

2021
Todos os direitos desta edição reservados à Editora Belas Letras Ltda.
Rua Antônio Corsetti, 221 – Bairro Cinquentenário
CEP 95012-080 – Caxias do Sul – RS
www.belasletras.com.br

Dados Internacionais de Catalogado na Fonte (CIP)
Biblioteca Pública Municipal Dr. Demetrio Niederauer
Caxias do Sul, RS

H519e Henriques, Tiago
        Erra uma vez / Tiago Henriques. - Caxias do Sul, RS :
      Belas Letras, 2021.
        216 p.

      ISBN: 978-65-5537-125-3
      ISBN: 978-65-5537-153-6

      1. Artes. 2. Criatividade. 3. Projetos. I. Título.

21/51   CDU 7 (07)

Catalogação elaborada
por Vanessa Pinent, CRB-10/1297

**com carinho,
para seu zezinho**

(do brasileirinho)

Erra uma vez é uma
jornada visual sobre
as nossas inseguranças
criativas e a busca
utópica pela perfeição.

Este livro, levemente*
baseado-em-si-mesmo,
reflete sobre como
os maiores obstáculos
criativos são psicológicos.

* ou, talvez, extremamente...

perfeccionismo
procrastinação
julgamentos
planejardemais
oprimeiropasso
afolhaembranco
omedodeexporideias
esenãodercerto
julgamentosinternos
oquevãopensar
minhatimidez
esedererrado
alguémjáfazmelhor
esediscordarem
nãoseiosuficiente
esealguémcopiar
qualoprimeiropasso
jáfizeramalgoassim
aindanãotábom
oquevãodizer

Nessa história vamos
acompanhar a jornada
de alguém que sonha
em escrever um livro.

Alguém que vai lidar
com bloqueios criativos
e descobrir que criar
é uma das formas
mais *mão na massa*
de autoconhecimento.

Você talvez não sinta vontade de escrever um livro.

Seu sonho pode ser criar uma *ilustração* exposição documentários e ou crônicas aplicativo ou apresentação ou poesia e quadros blog pôster peça de teatro mágica evento ou concerto roupas projeto paralelo ou jogo de tabuleiro empresa imação

Mas projetos criativos
têm algo em comum.

Eles envolvem o *gesto
corajoso* de trazer algo
da nossa imaginação
para o mundo real.

E todos começam
por uma ideia...

capítulo 1

a ideia "perfeita"

Erra uma vez
uma ideia...

Mas não qualquer
ideia. Uma ideia
que me fez sentir
algo diferente.

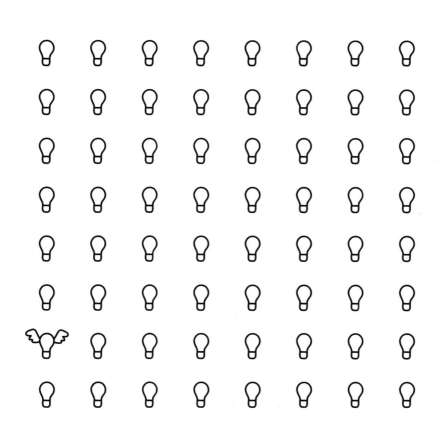

No meio de tantas
ideias que vêm e vão...

Acho que encontrei
a ideia *perfeita*.

Eu amo essa ideia.

E se o meu livro
se inspirar nela,
ele talvez tenha
o potencial de ser...

...*perfeito?*

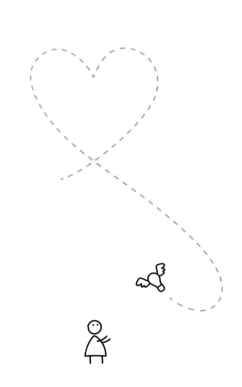

Vou começar
a escrever...

...amanhã.

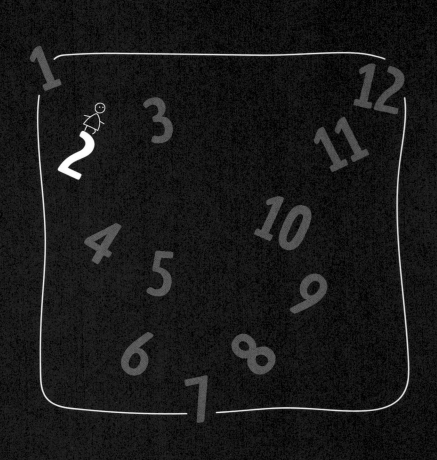

capítulo 2

a espiral
da meia-noite

Começar amanhã
me parece uma
decisão sensata.

23:59

00:01

Mas, à meia-noite,
o *amanhã* vira *hoje*.

De repente, começar
hoje já não parece
uma boa escolha.

Hoje eu prefiro
pensar como seria
o livro impresso...

Como ele ficaria
exposto na livraria...

Como sua capa
seria bonita...

Se eu só começar *amanhã*, minha ideia permanecerá segura e intocável.

deixamos

para

amanhã

porque

vivemos

uma

sequência

de

hojes

O *amanhã* protege
nossas ideias perfeitas.

amanhã	amanhã	amanhã	amanhã
amanhã	amanhã	amanhã	amanhã
amanhã			amanhã
amanhã			amanhã
amanhã			amanhã
amanhã			amanhã
amanhã	amanhã	amanhã	amanhã
amanhã	amanhã	amanhã	amanhã

Enquanto isso,
continuo usando
os meus *hojes* para
apontar meu lápis.

Planejando cada
passo, arquitetando
o início perfeito.

Por que o *hoje* faz
eu me sentir assim?

por que eu sinto insegurança de começar ainda hoje

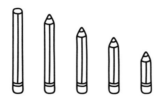

Apontar o lápis é mais seguro que escrever.

Mas livros não são
escritos com apontador.

Apontar o lápis
sem usá-lo começa
a me *desapontar.*

– *Maya Angelou*

O nosso amor pelas ideias
é proporcional à vontade
de não errar no processo...

...mas esperar o início perfeito pode fazer elas nunca existirem.

racionalmente, entendo que o processo criativo tem altos e baixos, e criar envolve errar mas

sonhar

com

escrever

palavras

na

ordem

perfeita

acaba

me

paralisando

Só existe uma forma
de sair da espiral
da meia-noite.

A ideia e o lápis
precisam colaborar...

...ainda *hoje* :)

O *escrever* precisa
virar *escrevendo*.

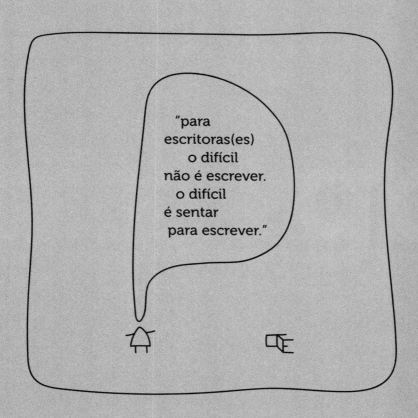

— *Steven Pressfield*

capítulo 3

**o efeito colateral
do bom gosto**

Nosso gosto desperta
a nossa vontade de fazer.

O que mais amamos
tende a ser inspiração
para começarmos a criar.

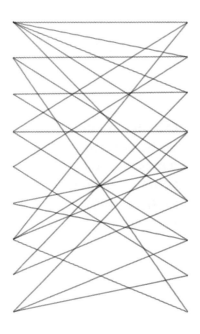

O efeito colateral
do nosso bom gosto
é a expectativa irreal
sobre a qualidade
do que criamos
no começo.

Se aquilo que criamos não atende às nossas próprias expectativas de qualidade, nós podemos paralisar.

Criar algo de que não gostamos pode ser bastante desconfortável.

Os livros que eu amo parecem perfeitamente diagramados.

As palavras fluem naturalmente pela página, com ritmo e muita elegância.

Eu amo ler!

imagina
o que aconteceria

se eu começasse a escrever *hoje*?
uma vírgula, mal
posicionada uma, frase
mal escrita...

exiStem tantos riscos de
eu escrever mal,
de... não Faz a leitura fluir...

criar algo
simplesmente   e s Q u i S i t

Meu perfeccionismo
é proporcional ao meu
bom gosto por literatura.

Meu amor pelos livros
deixa o lápis mais d   i   s   t

a   n   t   e

HABILIDADE

gosto

Isso faz com que seja muito mais difícil começar *ainda hoje*.

Evoluir nossa habilidade é simples na teoria, mas envolve um dos maiores dilemas criativos.

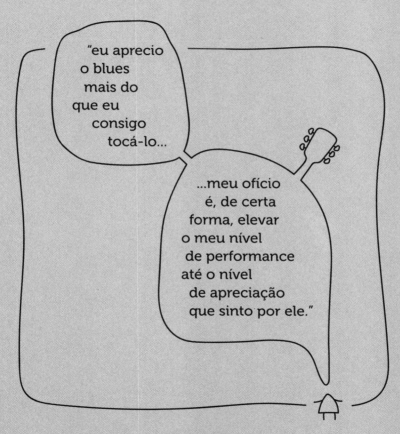

– John Mayer

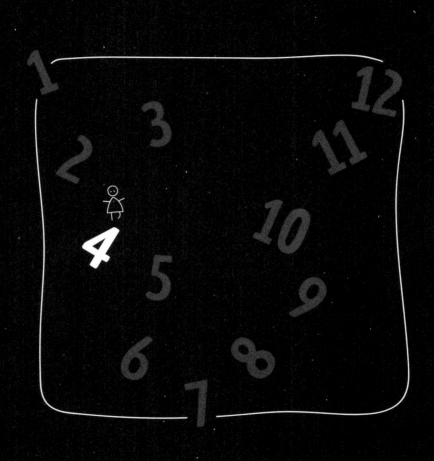

capítulo 4

o dilema
da evolução

Para evoluir, nós precisamos criar *coisas-não-tão-boas*...

...mas o medo de criar *coisas-não-tão-boas* nos faz ter medo de começar.

É desafiador sentir
que fazemos mal
aquilo que amamos.

Mesmo sabendo
que isso é parte
do processo.

– Paula Scher

Como me sentir mais
confortável para criar
coisas-não-tão-boas?

O que me faria começar
com menos pressão
e insegurança?

e se eu pudesse escrever, rabiscar e sempre mudar de ideia...

...errar, apagar e experimentar sem ninguém julgar?

E se eu pudesse criar
de forma discreta...

...e me tornar "menos pior"
sem chamar a atenção?

capítulo 5

cri(ação)

ação, sem
luz e câmera

Aqui no escurinho
ninguém me vê.

Posso criar muitas
coisas-não-tão-boas
no meu ritmo.

A ideia de escrever algo muito refinado desde o início me afastava da página em branco.

Aqui eu posso
apagar, rabiscar,
experimentar e mudar
quantas vezes quiser.

Sem ninguém saber.

De repente, brincar com palavras não é mais tão arriscado.

ao criar, existe sempre

risco

o risco de errar

mas aqui eu sigo riscando
(e brincando com) palavras

há risco,
mas arrisco
e A risco.

arriscado

palavra palavra palavra palavra
palavra palavra palavra palavra
palavra palavra palavra palavra
palavra palavra palavra palavra
palavra palavra palavra palavra palavra
palavra palavra palavra palavra palavra
palavra palavra palavra palavra palavra
palavra palavra palavra palavra palavra
palavra palavra palavra palavra palavra
palavra palavra palavra palavra palavra
palavra palavra palavra palavra palavra palavra
palavra palavra palavra palavra palavra palavra palavra
palavra palavra palavra palavra palavra palavra palavra
palavra palavra palavra palavra palavra palavra palavra palavra
palavra palavra palavra palavra palavra palavra palavra palavra
palavra palavra palavra palavra palavra palavra palavra palavra
palavra palavra palavra palavra palavra palavra palavra palavra
palavra palavra palavra palavra palavra palavra palavra palavra
palavra palavra palavra palavra palavra palavra palavra palavra
palavra palavra palavra palavra palavra palavra palavra palavra
palavra palavra palavra palavra palavra palavra palavra palavra

As palavras que escrevo
começam a construir
as primeiras frases...

...que constroem
alguns parágrafos...

...que se encaixam
e viram páginas...

...que se transformam
em capítulos.

começo a escrever sem julgar o que estou fazendo, se estou quebrando regras ou não tanto faz

como ninguém está prestando atenção eu escrevo algumas coisas que teria medo de arriscar lá do lado de fora!

brinco com palavras e quebro algumas regras e sigo arriscando com muito menos risco

Quanto menor o nosso medo de mudar, menor o medo de começar.

capítulo 6

as vozes
de dentro

proteção e "sabotagem"

Escrever "no escuro"
me trouxe clareza.

Não apenas sobre
a minha ideia.

Sobre mim.

Mas, conforme crio,
começo a entender
a razão de estarem
tão presentes.

esetivererrinhos?

esealguémjáfez?

esefalaremmaldemim?

eseformaisdomesmo?

eseninguémseimportar?

eseninguémgostar?

eseeununcafinalizar?

esemecopiarem?

esenãodercerto?

eseninguémentender?

eseminhafamíliajulgar?

esealguémfizessemelhor?

eseninguémler?

esenãovender?

esequemeuadmirocriticar?

eseforóbviodemais?

esemecriticarem?

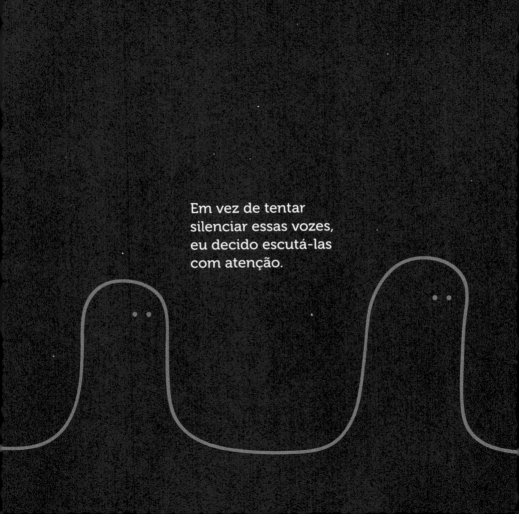

São elas que motivam
o meu perfeccionismo,
a minha procrastinação.

Mas, ao escutá-las,
percebo algo novo.

Elas não querem me
"sabotar" ou atrapalhar.

O instinto delas é
tentar me proteger.

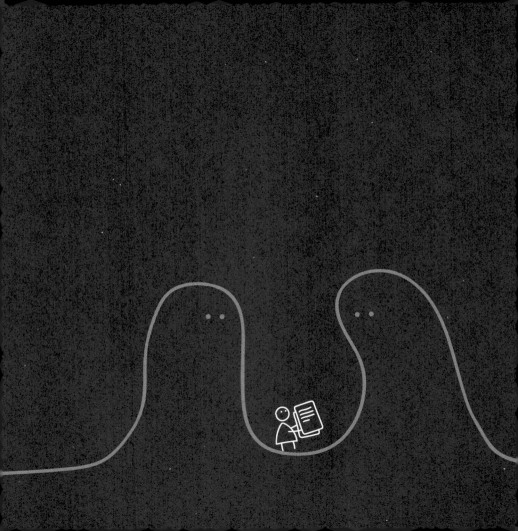

Elas não querem que eu me arrisque escrevendo textos que eu criticaria.

Ou que eu me "machuque" ao criar frases imperfeitas.

Se uma parte de mim
me conhece e quer
me proteger, eu acho
importante escutá-la.

Depois de escutar,
eu agradeço as
opiniões e reflito.

No final, a decisão
sobre escrever
(ou não) é minha.

Hoje eu decido
seguir escrevendo.

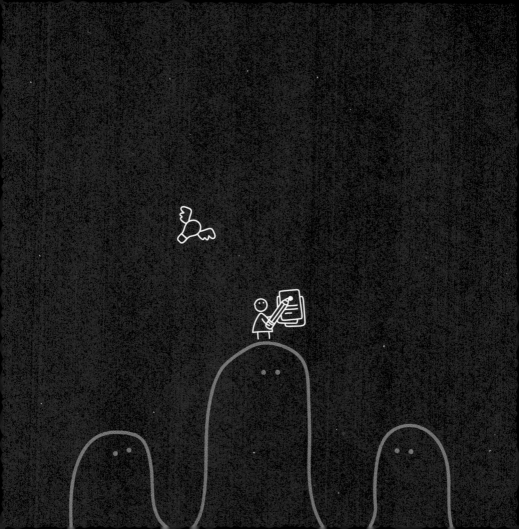

capítulo 7

érrelevante

o relacionamento
com os nossos erros

Criar "no escuro"
mudou como lido
com os meus erros.

Quando comecei
a escrever, também
comecei a errar.

Quanto mais escrevia,
mais erros eu cometia.

Quanto mais erros,
mais eu aprendia.

Quanto mais criava,
menos eu me julgava
por errar.

Se ajustarmos
o nosso foco...

fazer

aprender   errar

...conseguiremos ver o *mesmo* processo de outro jeito.

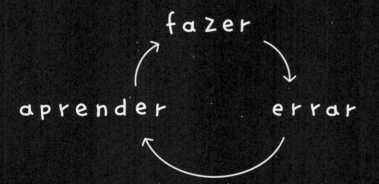

érrelevante
ér • re • le • van • te

[neologismo criativo]

se errar é relevante,
erre e levante.

Se errar é relevante,
por que não somos
mais gentis com
nossos erros?

Todo livro já
foi uma prova
de impressão.

Toda prova
de impressão já
foi um rascunho.

Todo rascunho
já foi só uma ideia
anotada no papel.

Todos os livros
na minha estante
foram refinados
após uma sequência
de erros.

Por que o meu não
passaria por isso?

Eles me ajudam
a criar um livro melhor.

Se antes me paralisavam,
hoje guiam os meus
próximos passos.

Escrever "no escuro"
me ajudou a começar
a tirar a ideia do papel
e me ensinou muito
sobre *mim*.

Agora, mais confortável,
eu sinto que preciso
escutar outras pessoas.

capítulo 8

escut(ação)

ouvidos atentos,
lápis na mão

Escutar perspectivas
diferentes me ajuda
a pensar e refletir.

eu achei bem legal, sabe. inclusive, acho que você talvez possa dar uma bela de uma olhada nos livros do austin kleon, conhece? porque eles também têm uma pegada bem visual... algo diferente do comum, que você também lê rapidinho. mas enfim, dito isso... eu acho que está ok, talvez dando pra pegar

então, quando você me pediu para eu opinar sobre o livro eu confesso que fiquei com medo de ser mais um livro daqueles de jornada, inspirados naqueles livros infantis em que você fica só passando as páginas toda hora, ainda bem que... ah! olha só... é um livro de jornada mesmo! nossa... o que eu poderia dizer? poxa, que bacana a ideia, em.

nossa, que legal... olha, eu gostei... mas acho que a introdução foi muito direto ao ponto... você já saiu mostrando a ideia sem saber que você queria escrever um livro, foi um pouco solto, sabe? se bem que você falou isso na introdução... ah, além disso, eu acho que não fica muito claro se essa história é sobre você ou sobre alguma pessoa qualquer, sabe? é um livro metalinguístico? não sei se ficou claro assim seja alg

olha, quero dizer que eu acho até legal esse lance do livro ficar falando sobre todo o processo de criação do próprio livro... talvez você possa usar essa metalinguagem de uma forma mais completa... ah, sim, outra coisa! eu gostei do título... me lembrou do trabalho incrível da verena smit, ela tám brinca com

Se criar é sobre
combinar ideias...

As conversas são
uma nova fonte
de matéria-prima.

E as perguntas ajudam
a refletir sobre como
tudo se adapta ao meu
contexto criativo.

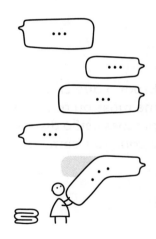

Expor o que criei
me mostrou que muitas
pessoas estão dispostas
a *construir* comigo...

...e que, infelizmente,
outras preferem usar
sua energia para *destruir*.

capítulo 9

diz(truição)

quando palavras
não focam em ajudar

Criar acontece
de dentro para fora,
é um gesto corajoso.

Expor o que fizemos
nos deixa vulneráveis.

Por que alguém
investiria sua energia
em atacar o que criei?

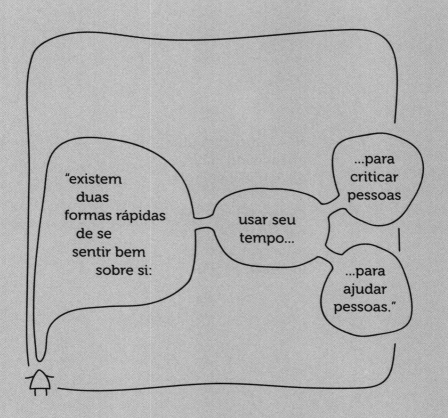

– *Jack Butcher*

Nascemos com uma
quantidade finita
de tempo e energia.

Quem usa sua energia
para destruir poderia
estar tirando suas
ideias do papel.

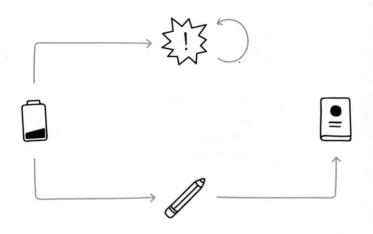

Críticas destrutivas costumam ser uma válvula de escape autobiográfica.

– Brené Brown

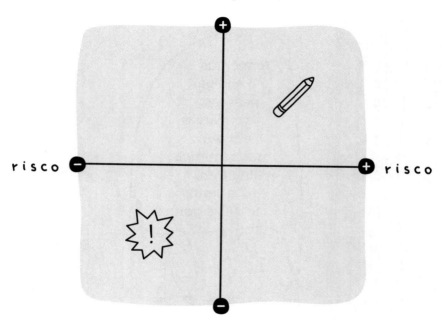

Destruir é mais
fácil que *construir*.

Existe menos risco,
exige menos energia.

Muita gente sente
medo de trazer
suas *ideias perfeitas*
para o mundo.

Criticar quem se expõe
é mais fácil e muito
menos arriscado.

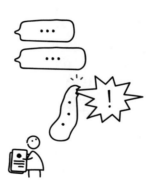

Se não é possível
filtrar o que escutamos,
refletir sobre como lidar
com essas palavras se
torna parte da jornada.

E, para minha surpresa,
o que mais me ajuda
é um olhar empático
sobre quem critica.

Quem usa seu tempo
e energia para destruir
não costuma estar
em um "lugar bom".

Por isso, aos poucos,
as críticas que escuto
começam a perder peso.

As palavras dizem mais
sobre estas pessoas
do que sobre mim.

Espero que um dia,
quem foca em *destruir*
comece a *construir*.

Quem sabe, nesse dia,
possamos conversar.

Até lá, dedico a minha atenção para quem também constrói.

Até lá, sigo escrevendo :)

capítulo 10

perspectivas

e nossa busca
utópica pelo perfeito

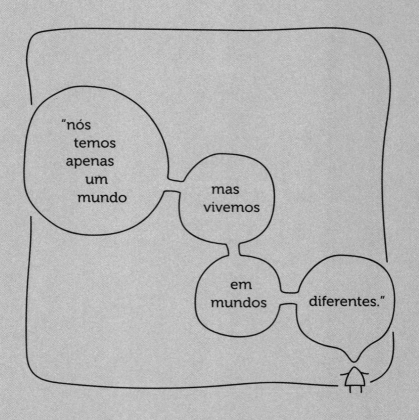

– *Brothers in arms, Dire Straits*

Conversar com outras
pessoas me ensinou
algo essencial:

A *perfeição unânime*
é inalcançável.

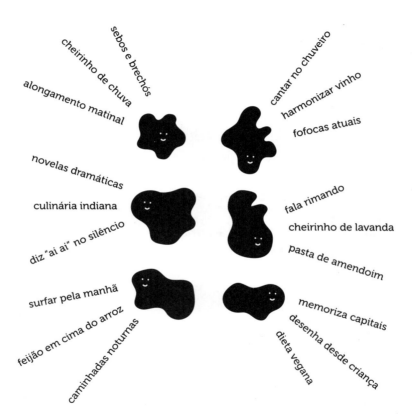

Nossas experiências,
gostos, esquisitices
e muitos outros traços
moldam a nossa forma
única de interpretar
e perceber o mundo.

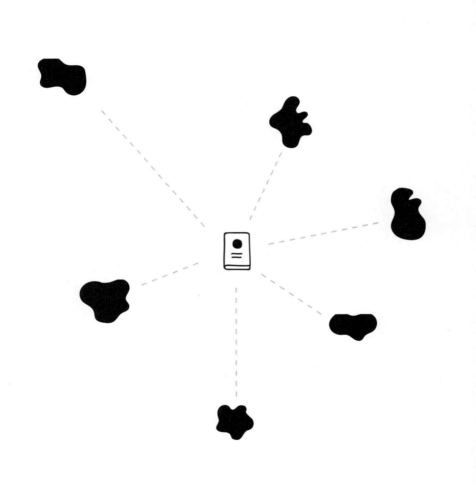

Toda criação é
percebida de forma
diferente, de acordo
com a bagagem
de cada pessoa.

O que é perfeito
para mim pode não
ser perfeito para você.

A perfeição não
é universal, muito
menos indiscutível.

Eu controlo o meu processo, mas o resultado é...

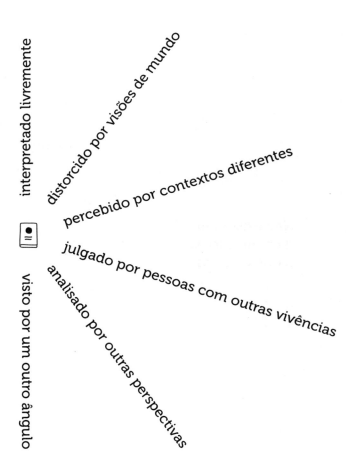

Não existe um ministério da perfeição para aprovar o que criamos.

Não existe um selo
da perfeição universal.

Não existem livros
perfeitos, existem
livros prontos.

Tudo está sujeito
à perspectiva.

ministério da perfeição

Quando entendo
que não existe uma
validação oficial, sinto
que o momento chegou.

O livro está pronto...

...eu acho.

capítulo 11

o "pronto" existe?

Se amanhã eu posso
criar algo melhor...

...por que eu botaria
o ponto final hoje?

Quanto mais perto
do fim, mais sinto
meu "olhar acostumado"
a evitar o ponto final.

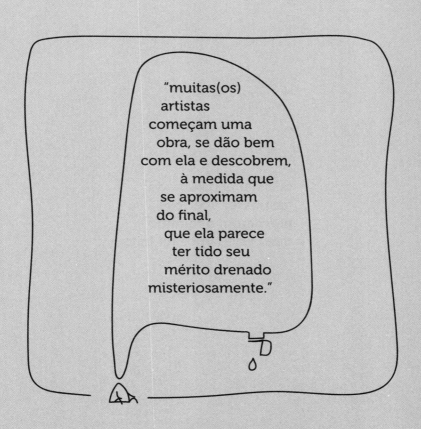

– *Julia Cameron*

O "olhar acostumado"
faz nossos acertos
parecerem o mínimo
que poderíamos ter feito.

E dobra o tamanho
dos defeitos e de tudo
com um pouco mais
de potencial.

Em teoria, tudo aquilo que nos inspira poderia ter sido melhorado no dia, mês ou ano seguinte.

O livro que nós mais amamos, o nosso filme favorito...

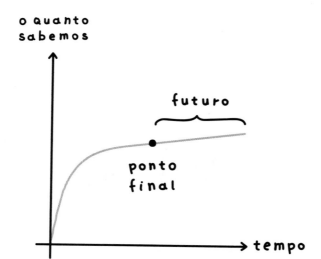

Quando é a hora
de trazer a ideia
para o mundo real?

Se podemos criar
algo melhor amanhã,
por que botaríamos
o ponto final hoje?

capítulo 12

o ponto final

Usar o ponto final
não é uma declaração
de que achamos nossa
criação perfeita.

É apenas uma forma
de fazer as nossas
ideias existirem.

Iniciar conversas
e inspirar pessoas.

Os pontos finais
são como migalhas
que marcam nosso
trajeto criativo.

De ponto em ponto,
a nossa jornada
é construída.

Eles trazem ideias para o mundo real, onde outras pessoas podem conhecê-las.

Eles iniciam conversas, inspiram e nos conectam com outras pessoas.

Pontos finais separam
o que criamos daquilo
que ainda vamos criar.

Eles indicam o fim
e o recomeço.

Os pontos finais
de outras pessoas
nos motivaram
a começar.

Quando criamos algo
novo, continuamos
o alcance dessa onda
de inspiração.

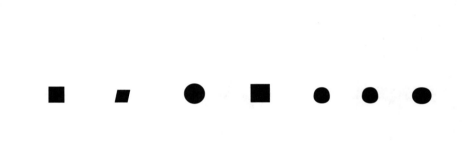

Usar o ponto final
é um gesto de coragem.

E, com este ponto,
entrego este livro.

Este livro só existe
por causa deste ponto.

Nossas jornadas
criativas se cruzaram
porque ele foi usado.

E, depois deste nosso
encontro, podemos
começar outra vez.

Erra uma vez...

...de cada vez.

...sua vez :)

notas finais

É difícil conversar sobre nossas inseguranças e medos e olhar para "dentro" quando nos sentimos vulneráveis.

Este livro é uma forma de refletir e motivar conversas sobre esse assunto tão importante.

A você, por estar aqui :)

À comunidade incrível
de pessoas que apoia
meu trabalho e criou
este projeto comigo.

Estas palavras só foram
impressas por causa
do seu carinho.

tiago henriques

Escrevilustro e crio
vídeos no Tira do papel.

Meu trabalho
explora a interseção
entre desenvolvimento
pessoal e criatividade.

O equilíbrio de botar
a mão na massa
e respeitar a nossa
saúde mental.

Eu me aprofundo sobre
os temas deste livro
pelo mundo mágico
da internet.

tira.do.papel   tiradopapel.com

Sua compra tem um propósito.

Saiba mais em
www.belasletras.com.br/compre-um-doe-um

Este livro foi composto em Museo e impresso em papel off set 90 g pela gráfica Viena em setembro de 2022.